Franz X. Bühler

EINFACH SO

Zitate, Weisheiten, Anregungen

WARUM?

Weil du so bist wie du bist.
Weil du einfach
einzigartig bist!

Weil es dich für mich gibt.

EINFACH SO,...

weil ich an dich
gedacht habe!

EINFACH SO,...

weil du mir wichtig bist!

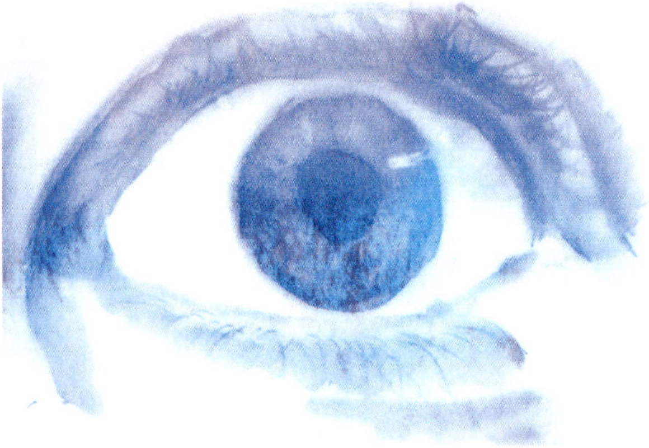

Einfach so,...

weil du viel mehr
Aufmerksamkeit verdient hast!

Einfach so…

möchte ich dir sagen:
„Es ist schön,
dass es dich gibt!“

Einfach so...

Danke für dein „So-Sein"!

EINFACH SO...

will ich dir damit
eine Freude bereiten.

Einfach so,...

weil ich dich so gern
an meiner Seite weiß.

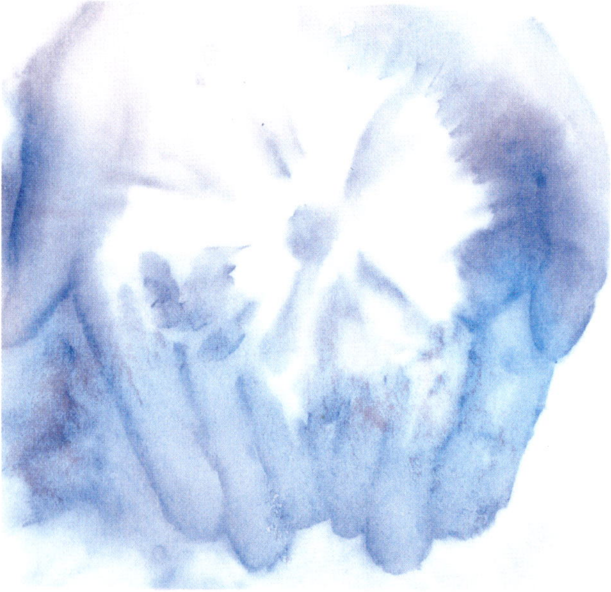

Einfach so,...

weil ich dir von Herzen
nur das Beste wünsche.

Einfach so,...

weil ich deine
Arbeit schätze.

Einfach so...

für dein geduldiges Zuhören,
wenn ich wieder mal viel
zu erzählen weiß.

Einfach so,...

weil du immer
die richtigen Worte findest.

EINFACH SO,...

weil du auch dann für mich da bist, wenn ich Trost und Aufmerksamkeit brauche.

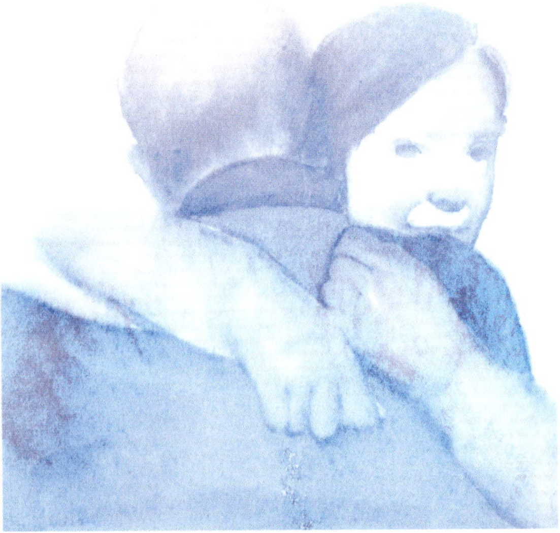

Einfach so,...

weil du mich akzeptierst,
wie ich bin.

EINFACH SO,...

weil du nach einem Streit
so liebevoll vergibst.

EINFACH SO,...

weil ich mich
in deiner Gegenwart
geschätzt und geliebt fühle.

Einfach so,...

weil du etwas
ganz Besonderes bist.

Einfach so,...

weil du mir das Gefühl gibst,
wertvoll zu sein.

Einfach so,...

weil du mit meinen
„Fehlerchen" meisterhaft
umzugehen weißt.

WAS WÄRE,

wenn der Grund hierfür
lediglich ist, dir zu zeigen,
dass ich dich und deine
Gegenwart schätze und liebe?

JA,...

ich genieße die Wärme und Harmonie unserer gemeinsamen Augenblicke und danke dir herzlich.

Wenn…

dein Strahlen
leuchten könnte, würde
dabei die Sonne verblassen.

Einfach so,...

weil du mit deinem wunder-
vollen Wesen immer wieder
die Welt, meine Welt,
verzauberst.

„Danke“

Einfach so...

Danke für dein „Da-Sein",
wenn ich deine Hilfe brauche.

Einfach so,...

weil ich für dich die Sterne
vom Himmel holen würde.

Einfach so,...

um dir zu zeigen, du bist nicht allein. Auch wenn ich vielleicht nicht immer da bin, wenn du mich brauchst, so möchte ich dir sagen:

„Ich bin bei dir mit diesen Worten, diesem Zeichen."

Einfach so,...

weil ich damit (m)einen
Edelstein zum Funkeln
bringen will und dein
innerer Reichtum auch
mich bereichert.

Einfach so,...

weil ich deine liebevolle Wärme
spüren und erleben darf.

Einfach so,...

weil ich für dich barfuß
und ohne Wasser meilenweit
durch die Wüste gehen würde.

EINFACH SO,...

weil es mein Herz erwärmt,
dich glücklich zu sehen.

Einfach so,...

weil ich jeden Augenblick
mit dir von Herzen genieße.

Einfach so,...

weil deinem Lächeln ein
ganz besonderer
Zauber innewohnt.

Einfach so,...

weil du es wert bist,
reich beschenkt zu werden!

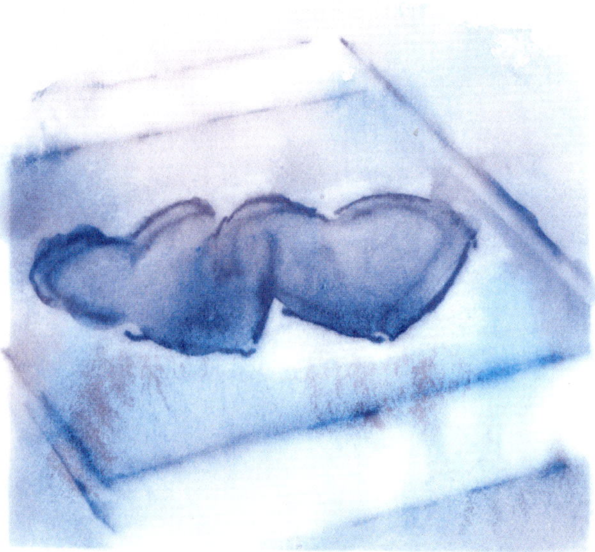

EINFACH SO...

DANKE,
dass es dich für mich gibt!

FRANZ X.BÜHLER
Minibücher aus Création Vom Kopf ins Herz ©

„Zitate, Weisheiten, Anregungen"

All` das wünsche ich dir
Aufbruch
Begeisterung
Danke
Einfach so
Erfolg
Gesundheit
Gratulation
Golf ist mehr
Liebe
Thank you
Trost
Willkommen

MINIBÜCHER
„Reiseführer durchs Leben"

Auf Zeit — Ute Latendorf

MINIBÜCHER
„Gedanken zur Lebensfreude“

Grazie	Katharina Thor / Nicolas Prizzotti
Dankeschön	Katharina Thor / Nicolas Prizzotti
Inspirationen	Schweiger / Klöck
Gedanken	Schweiger / Klöck
Glücklich	Schweiger / Klöck
Wunschperlen	Schweiger / Klöck

Zu bestellen in jeder Buchhandlung oder bei:

MENANI GmbH
Eichbergstraße 13
86935 Rott am Lech
Deutschland

Telefon: +49 (0)8869 91183-0
Telefax: +49 (0)8869 91183-18

E-Mail: info@menani.com
www.menani.com

FRANZ X.BÜHLER
Bücher aus „Création Vom Kopf ins Herz"

Vom Kopf ins Herz	ISBN 978-3-941633-10-0
Mehr ...Vom Kopf ins Herz	ISBN 978-3-941633-11-7
Out of the Head and into the Heart	ISBN 978-3-941633-12-4
Dalla mente al cuore	ISBN 978-3-941633-13-1
Ulteriori pensieri-Dalla mente al cuore	ISBN 978-3-941633-25-4
De la tête au coeur	ISBN 978-3-941633-20-9
Van het hoofd in het hart	ISBN 978-3-941633-19-3
als Hörbuch	
Vom Kopf ins Herz	ISBN 978-3-941633-14-8
als Ebook	
Vom Kopf ins Herz (1)	ISBN 978-3-941633-26-1
Vom Kopf ins Herz (2)	ISBN 978-3-941633-27-8
Dalla mente al cuore (1)	ISBN 978-3-941633-28-5
Dalla mente al cuore (2)	ISBN 978-3-941633-29-2

KATHARINA THOR / NICOLAS PRIZZOTTI
Bücher „Reiseführer durchs Leben"

Heute, hier, jetzt - Ein Reiseführer durchs Leben	ISBN 978-3-941633-24-7